AF404947

LES
ERRATA HISTORIQUES MILITAIRES

PAR TH. JUNG
CAPITAINE D'ÉTAT-MAJOR.

« Notre vraie histoire de France est
« encore enfouie dans la poussière de
« nos chroniques contemporaines. »
AUGUSTIN THIERRY,
Lettre I sur l'histoire de France

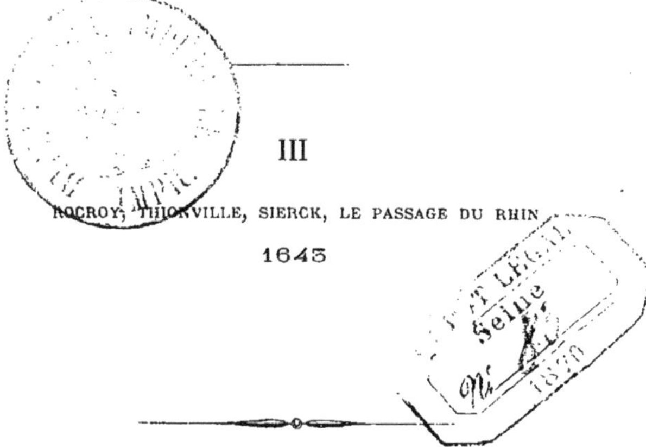

III

ROCROY, THIONVILLE, SIERCK, LE PASSAGE DU RHIN

1643

PARIS
BUREAUX DE LA REVUE MILITAIRE FRANÇAISE
11, RUE SAINT-DOMINIQUE, 11

—

1869

Extrait de la Revue militaire française.

PARIS. — TYPOGRAPHIE A. HENNUYER, RUE DU BOULEVARD, 7.

LES

ERRATA HISTORIQUES MILITAIRES

CAMPAGNE DE 1643.

Affaires de l'extérieur et guerre à l'avénement de Louis XIV (1643) — Campagne des Flandres. — La bataille de Rocroy (19 mai). — Insuffisance du duc d'Enghien. — Génie militaire de M. de Gassion. — Le siége de Thionville (18 juin au 10 août 1643). — Echec de Grancey. — Courage du duc d'Enghien. — Blessure de Gassion. — Mort du marquis de Gesvres. — Charles de Valois, duc d'Angoulême. — Son entente de la guerre. — Siége et prise de Sierck (29 août au 3 septembre). — Impuissance du maréchal de Guébriant sur le Rhin. — Prévoyance de Le Tellier. — Rapidité des ordres donnés pour l'envoi d'un secours à Guébriant. — Désobéissance du duc d'Enghien. — Manque d'énergie de la reine et de Mazarin. — Indécision continuelle. — Le duc d'Enghien, le duc d'Angoulême, puis le duc d'Enghien une seconde fois, nommés successivement chefs du corps destiné à se rendre en Allemagne. — Passage du Rhin. — Retour du duc d'Enghien à Paris. — Historiens qui ont parlé de cette campagne.

Affaires de l'extérieur.

De Dunkerque à l'Ebre, la France en lutte contre la maison d'Autriche, six armées nécessaires pour soutenir cette guerre, un roi mourant, un premier ministre nouveau, un changement probable au personnel du secrétariat de la guerre et de la surintendance des finances, une régence imminente, une noblesse turbulente, des révoltes populaires, l'impôt non payé, un pays fatigué par huit années de combats et de siéges, tel est le bilan modéré des événements qui se passent ou vont se passer pendant les premiers mois de l'année 1643.

En fait d'alliés, la Suède, les princes protestants de l'Allemagne du Nord, la Hesse, la maison de Savoie, le Portugal, c'est-à-dire les faibles d'apparence; en fait d'ennemis, tous ceux qui, de près ou de loin, sont liés d'intérêts avec l'empereur d'Allemagne et le roi d'Espagne, à commencer par le chef de la papauté, tout étonné de voir cette fille aînée de l'Eglise, cette France de la Saint-Barthélemy, de la Rochelle, donner la main aux plus cruels antagonistes du pouvoir temporel, aux chefs schismatiques du nord de l'Europe; tel est le personnel qui prend part à cette conflagration générale.

En réalité, le désir de la paix était immense, et l'expression de ce souhait tellement impérieuse, que les puissances, quelque secret avantage qu'elles eussent à tirer de la continuation de la lutte, durent au moins garder les apparences de la sincérité en convenant d'une conférence. Les villes d'Osnabrück et de Münster furent choisies comme points de réunion des intéressés. Naturellement ce fut d'abord à qui des diplomates désignés par les gouvernements respectifs n'arriverait pas au rendez-vous pour ne point paraître trop hâtif à rechercher la fin des hostilités.

Les représentants de l'Empire se présentèrent les premiers. Ceux de la France ne parurent que plus tard. Le comte d'Avaux, nouvellement nommé ministre d'Etat, vint seul à Osnabrück. Ses deux collègues, Abel de Servien et le duc de Longueville, ne le rejoignirent que longtemps après, Servien à la fin de 1644, de Longueville le 30 juin 1645. Ils avaient reçu les instructions les plus détaillées dans une dépêche fort longue du 30 septembre 1643. Cette instruction existe à la Bibliothèque impériale (1).

Les premières semaines de la réunion se passèrent à reconnaître les pouvoirs de chacun des plénipotentiaires et à préparer le cérémonial de l'ouverture des séances. A la fin de 1643, certaines questions pourtant se trouvaient avoir reçu une solution suffisante, lorsque la mort de Guébriant, le désastre de Tutlingen, l'invasion du Danemark par les Suédois arrêtèrent brusquement les ouvertures qui étaient entamées. Chacun des envoyés profita de la circonstance pour refuser de s'engager plus avant, sous prétexte d'un besoin de supplément d'instructions.

La cour de France s'était effectivement alarmée à la nouvelle de l'entrée des Suédois en Danemark. Elle crut à l'abandon des Suédois; de leur côté, les états généraux, effrayés du désastre de Tutlingen, s'imaginèrent que du coup les Impériaux allaient envahir la France et donner la main aux Espagnols des Flandres pour anéantir leur propre pays. Evidemment cette défaite eut plus de retentissement à l'étranger que le succès de Rocroy.

La lettre suivante de Mazarin à Salvius, ambassadeur de la reine d'Espagne, en fait foi (2) :

« Vous ne doutez point, écrit Mazarin, que les ennemis « n'élèvent de grands trophées là-dessus et n'aient l'art de « faire valoir cet avantage au delà de la vérité de la chose. « C'est pourquoi ce sera de votre prudence et de votre

(1) Papiers d'État de Michel Le Tellier, Bibl. imp., mss., t. I, p. 297.
(2) Bibl. mazarine, mss., 1719, fo 144, 5 décembre 1643.

« adresse de vous y opposer auprès de MM. les états (des
« Provinces-Unies)... La reine s'est résolue de n'épargner ni
« argent ni hommes pour soutenir les affaires d'Allemagne et
« de la cause confédérée. Pour cet effet, elle a fait élection de
« M. le vicomte de Turenne, qui part tout présentement... »

En conséquence, d'Avaux reçut l'ordre de se rendre à la
Haye. Là, notre fondé de pouvoirs était plus à même d'amener un compromis entre le Danemark et la Suède, et surtout de tranquilliser les états généraux et de les engager à
de nouveaux efforts.

Le théâtre de la guerre en 1643.

Les trouées de Chimay, de Sarreguemines et de Béfort
étaient alors pour la frontière est de la France les mêmes
points faibles qu'en l'an de grâce 1869. C'était déjà par ces
passages tout indiqués que les ennemis cherchaient à envahir le pays, et c'était effectivement par Chimay qu'une
nouvelle fois, en 1643, les Espagnols allaient essayer de se
lancer au cœur de la France, en profitant des changements
apportés à notre régime intérieur, pour réparer l'effet de la
perte de Perpignan, dont la prise avait ouvert les portes de
la Catalogne.

La France possédait cinq armées, commandées ainsi qu'il
suit :

L'armée de Flandres, par le duc d'Enghien (Condé) ; l'armée d'Allemagne, par le maréchal de Guébriant ; celle d'Italie, par du Plessis-Praslain et le prince Thomas ; celle de
Catalogne, par le maréchal de La Mothe-Houdancourt ; celle
de Bourgogne, par le maréchal de La Meilleraye.

De plan d'ensemble, de vastes combinaisons guerrières,
il n'en existait pas. C'était la lutte sur place, voilà tout, en
présence de l'adversaire que l'on avait devant soi. L'objectif
consistait le plus souvent dans la prise de quelque bonne
ville destinée à former un bon quartier l'hiver suivant et à
permettre de vivre sur le pays ennemi. De centralisation, il
n'y en avait guère plus que de plan d'ensemble. Sublet de
Noyers parti, il ne restait au secrétariat de la guerre qu'un
commis qui fût à peu près au courant des affaires, c'était
M. Le Roy, parent du futur ministre.

Des troupes non payées, des chefs récalcitrants et dési-
reux d'échapper à l'autorité de qui que ce fût, un ministère
désorganisé, le désordre partout et dans tout, les ressources
financières nulles, des agents infidèles, tels étaient les éléments que le nouveau secrétaire d'Etat allait avoir en main
pour commencer son œuvre. Il y avait de quoi effrayer un
plus brave, rien que par la somme du travail à entreprendre
et la difficulté du but à atteindre. Mais si Le Tellier est
modeste, il est doué fort heureusement d'une énergie
incroyable. L'ingratitude du travail semble l'attirer plutôt
que l'éloigner, comme il le dit à Mazarin dans sa lettre du
19 avril (1) :

« J'appréhende seulement que mon industrie ne réponde
« pas à l'opinion qu'il a plu à Votre Excellence de concevoir ;
« mais comme elle n'a pour fondement que sa bonté, j'es-
« père qu'elle se contentera de réparer ce qui me manque
« par travail, assiduité et bonne intention... »

(1) Papiers d'État de Michel Le Tellier, Bibl. imp., mss., p. 115, n° 5159.

Le Tellier a quarante ans. La fougue du jeune homme a fait place à l'expérience de l'âge mûr. A l'armée d'Italie, en rapport avec la cour et l'armée, son esprit s'est affiné. Dans une situation des plus délicates par suite de sa naissance et de ses fonctions, il a su se faire accepter. Il a donc beaucoup vu, beaucoup observé et probablement beaucoup entretenu Mazarin de ce qu'il a rencontré d'anomal dans cette armée d'au delà les monts. Il entre en fonctions avec l'ardente volonté d'étudier encore, de modifier et d'améliorer cette situation précaire. Avec de telles qualités, il ne pouvait faire autrement que réussir là où tout autre se serait perdu en peu de temps.

Campagne des Flandres en 1643.

Prendre dans les Pays-Bas une éclatante revanche de la conquête de Perpignan, profiter de la crise où se trouvait la France, pénétrer par la trouée de Chimay dans la Champagne, tel paraît donc avoir été le plan médité par don Francisco de Mello, gouverneur des Pays-Bas, plan présenté à la cour d'Espagne et accepté par elle.

L'armée espagnole s'était organisée dans ce but dès les premiers jours de l'année 1643, tandis que le duc de Lorraine s'apprêtait à aider la tentative des Espagnols en envahissant ses propres États héréditaires.

22 régiments d'infanterie, présentant un effectif de 17 000 fantassins, sous les ordres du comte d'Ysembourg;

150 cornettes de cavalerie, commandées par le comte d'Albuquerque, tel était l'ensemble de l'armée placée sous la direction de Francisco de Mello comme général en chef, et

du comte de Fuentès comme maréchal de camp général. Elle était composée d'Espagnols, d'Italiens, de Wallons, de Lorrains. Dans les derniers jours d'avril, elle commençait à quitter ses points de concentration et marquait de suite son objectif en se rapprochant de Rocroy. Le 10 mai, en effet, Mello se présentait devant cette place défendue par le sieur de Geoffreville, puis en formait l'investissement. Son but était évidemment, une fois la ville prise, de s'en servir comme de base d'opérations.

La cour de France avait été prévenue de bonne heure des préparatifs des Espagnols et d'une partie de leurs projets. En prévision même des événements, le roi avait eu l'intention constante de se mettre personnellement à la tête de l'armée des Flandres. Aussi c'était à qui des seigneurs de la cour obtiendrait un poste dans les corps de troupes désignés pour partir. Il était donc tout naturel que le fils du prince de Condé briguât l'honneur d'aller faire ses premières armes sous les ordres de Louis XIII. Avec le roi pour guide et des généraux comme Jean de Gassion (l'ancien destructeur des va-nu-pieds) et François de L'Hôpital, seigneur du Hallier, la jeunesse du duc d'Enghien ne présentait pas d'inconvénient trop considérable. D'ailleurs, par sa situation, ses alliances, le parti que le prince de Condé possédait à la cour, le jeune duc devenait un drapeau qui devait entraîner à sa suite nombre de gens de noblesse et les engager à lever des régiments et à prendre du service pour le roi.

Dès les premiers jours du mois d'avril, quand à Saint-Germain on a connaissance des mouvements de troupes des Espagnols, on prescrit au duc d'aller rejoindre Gassion et du Hallier. Dans l'instruction qui lui est envoyée le 15 avril (1), il est parfaitement spécifié que le siége de Rocroy doit être empêché à tout prix. On le prévient en outre que Sa Majesté fait assembler deux corps d'armée, l'un près de Chauny, l'autre entre Chauny et Guise, et qu'elle compte prendre le commandement du premier corps.

Le 16, on lui adresse une dépêche supplémentaire (2) pour l'avertir qu'on concentre un troisième corps sur la frontière de la Champagne, sous les ordres du marquis de Gesvres, maréchal de camp, avec le marquis de Langeron pour sergent de bataille, de Grancey, d'Aumont, de Palluau, pour maréchaux de camp.

Ce troisième corps sera composé :

Des régiments d'infanterie : Navarre, de La Meilleraye, Bretagne, de Brézé, de Bonne, de Caderousse ;

Des régiments de cavalerie : de Caderousse, de Vatimont, plus de 2 000 chevaux d'artillerie (3).

Le marquis de Gesvres devait, dit l'instruction du 18 mai (4), « se porter partout où il serait besoin pour s'op- « poser aux entreprises des ennemis et servir de trait d'union « entre l'armée du duc d'Enghien et celle de La Meilleraye (Lorraine et Bourgogne).

L'aggravation de la maladie du roi change ces dispositions.

---

(1) Dép. g., mss., v. 89, p. 1. — Cinq cents de Colbert, Bibl. imp. mss., v. 103, fo 5.

(2) Dép. g., mss., v. 74, p. 51, 174.

(3) Dép. g., mss., v. 77, p. 19. Le marquis de Gandelu, mestre de camp de Bretagne infanterie, était frère du marquis de Gesvres et son aide de camp.

(4) Dép. g., mss., v. 89, p. 10.

La Vrillière, en faisant connaître au duc d'Enghien ce qui se passe à la cour, termine sa lettre en lui recommandant de « ne rien entreprendre que puissamment et après avoir « bien reconnu de quel côté les ennemis tourneront leurs « efforts (1). »

Sur cet avis, d'Enghien continue sa concentration sur Origny, où il rencontre le seigneur d'Espenan, maréchal de camp, qui lui amenait 6 000 hommes de troupes d'infanterie. Ce secours portait les forces françaises à un total d'à peu près 23 000 hommes (16 000 hommes de pied et 7 000 cavaliers) répartis de la façon suivante :

Général en chef, le duc d'Enghien; lieutenants généraux, Gassion, du Hallier ; maréchaux de camp, d'Espenan, La Ferté-Senneterre.

Parmi les aides de camp fort nombreux : MM. de La Moussaye, de Montmorency (Bouteville) ;

1 lieutenant de la connétablie, prévôt, avec 1 greffier, 6 archers et 1 exécuteur ;

1 ingénieur, M. de La Plante, capitaine dans Picardie ;

1 lieutenant de l'artillerie, M. de La Barre ;

Cavalerie (gendarmerie) : gendarmes de la reine, gendarmes écossais; cinq brigades de gendarmes formées avec les compagnies particulières de Condé, Longueville, Angoulême, Guiche, de Vaubecourt.

Cavalerie (chevau-légers) : chevau-légers de Gassion, Menneville, Hendicourt, Marolles, La Ferté-Senneterre, Lenoncourt, Syrot, La Clavière, Sully, Roquelaure, Coislin, régiment royal, fusiliers du roi ;

(1) Dép. g., mss., v. 74, p. 65.

Cavalerie étrangère : Silhard, L'Eschelle, de Beauvau, de Vamberg, Schac, Raab, Croates, Notaf;

Infanterie française : Picardie, la marine, de Persan, de Guiche, La Préc, de Gesvres, du vidame, 8 compagnies royales, Piémont, Rambures, d'Harcourt, Aubeterre, de Biscarrât, Langeron, de Vervins;

Infanterie étrangère : régiment des gardes écossaises, régiments suisses de Mollandin, de Watteville, de Rool.

Le 17 mai, le duc arrivait à Bossus, village à 4 lieues est-sud-est d'Origny et à pareille distance de Rocroy. Il était temps; la place était aux abois et les dehors venaient d'être emportés. Comme les ordres de la cour au sujet de cette ville étaient des plus précis, d'Enghien, après avoir tenu conseil, fit tout préparer pour secourir efficacement les assiégés. Afin de faciliter les mouvements, les bagages furent renvoyés à Aubenton, et Gassion fut chargé de l'entreprise.

Gassion commandait l'avant-garde, composée de la compagnie des gardes d'Enghien, du régiment des Croates, des régiments de chevau-légers du roi et des fusiliers du roi. Dès le 17, il parvenait à faire entrer du monde dans la place, ce qui permit au sieur de Geoffreville de reprendre aux Espagnols, dans la nuit du 17 au 18 mai, la demi-lune de la porte Maubert qu'ils avaient emportée la nuit précédente. Malheureusement ce succès n'était que précaire. Dans la journée du 18, La Ferté-Senneterre, maréchal de camp, voulut renouveler la tentative de Gassion, mais il trouva les Espagnols si bien gardés, qu'il dut revenir bredouille au camp. Le cas devenait grave; il fallait se décider à agir, si l'on voulait sauver Rocroy et se conformer aux ordres de la cour.

Dans le conseil de guerre tenu dans la journée du 18, les avis furent fort partagés. Le maréchal de L'Hôpital prétendait que les ordres du roi consistaient à faire le possible pour secourir Rocroy, mais ne concluaient pas à la nécessité d'une bataille, etc... M. de Gassion voulait la lutte à tout prix ; La Ferté-Senneterre comptait faire comme le duc, et ce dernier penchait évidemment du côté de Gassion, qui acheva, prétend-on, de lever son indécision par cette réflexion typique :

« Enfin pourquoi, monseigneur, ne pas tenter l'aventure ?
« Quel qu'en soit le résultat, on ne punit jamais une personne
« de votre qualité. »

L'argument était trop dans le goût du duc pour ne pas être péremptoire. La bataille fut décidée.

On n'était séparé de l'armée espagnole que par une série de bois qui masquaient le terrain. Une reconnaissance de 50 Croates envoyée pour rechercher le passage fit savoir qu'il existait un défilé non gardé. Gassion le passa immédiatement avec son avant-garde, suivi bientôt du duc d'Enghien et de toute l'armée.

Au sortir de ce défilé, le terrain déboisé s'abaissait par une pente douce pour se relever ensuite et former de l'autre côté du thalweg un plan pareillement incliné. Ce fut sur les deux faces de cette vaste cuvette que les adversaires prirent leurs dispositions.

Le duc d'Enghien, en débouchant au delà du défilé, avait immédiatement fait mettre son armée en bataille sur deux lignes avec un corps de réserve appuyé au défilé.

Le duc était à l'aile droite avec Gassion. Le maréchal de

L'Hôpital commandait l'aile gauche avec le marquis de La Ferté-Senneterre pour maréchal de camp. M. d'Espenan restait au centre, à la tête de l'infanterie. Le corps de réserve demeurait sous les ordres du baron de Syrot.

Ce fut dans cette situation qu'on passa la nuit du 18 au 19 en présence de l'armée espagnole, également formée sur deux lignes, l'infanterie au centre, mais sans réserve. Le comte de Mello commandait l'aile droite, le duc d'Albuquerque l'aile gauche, et le comte de Fuentès le centre.

Pour bien se rendre compte de ce champ de bataille, il faut remarquer que les deux armées n'étaient pas à plus de 2 000 mètres l'une de l'autre, c'est-à-dire à la portée régulière de nos batteries rayées ; que de la droite à la gauche, si l'on comptait 2 kilomètres, c'était beaucoup, c'est-à-dire à peine le front d'une de nos divisions d'infanterie actuelle, l'espace nécessaire au combat de Montebello ou à celui de Palestro, en résumé le champ clos d'une petite affaire d'avant-garde de nos masses modernes. Comme les deux adversaires avaient des forces à peu près équivalentes, les Espagnols, pour se donner l'avantage du nombre, avaient résolu de rester sur la défensive, de manière à permettre au général Beck, prévenu le 17, d'arriver le 20 avec les troupes qu'il commandait (1 000 chevaux et 3 000 hommes de pied).

Dans le fait, les chefs français avaient été un instant étonnés de cette apparente inaction de l'ennemi. Aussi la nouvelle de ce projet, dont l'exécution pouvait amener des conséquences si graves, nouvelle qui avait été transmise dans la nuit par un déserteur, eut-elle un heureux résultat : elle fit cesser les irrésolutions. On se décida à brusquer l'attaque et les ordres furent donnés pour marcher en avant dès le point du jour.

La veille, les Espagnols avaient fait occuper par un millier de mousquetaires un petit bois qui se trouvait en avant de leur extrême gauche. Ces hommes devaient s'y tenir cachés et couchés, et ne commencer leur feu qu'une fois le mouvement de l'aile droite française suffisamment prononcé.

Ce fut de ce côté-là que s'engagea l'action. Pour permettre de développer convenablement la première ligne et la droite, Gassion fut chargé de débusquer les mousquetaires espagnols. A cet effet, il fit placer 50 mousquetaires dans les intervalles de chacun de ses escadrons et, ainsi organisé, se jeta sur le bois. A l'abri derrière les cavaliers, les fantassins purent s'approcher impunément, puis, démasqués tout à coup, se précipitèrent sur le taillis, où les Espagnols se croyaient parfaitement en sûreté. Chassés du bois par suite de cette brusque attaque, ils furent pris en queue par la cavalerie de Gassion, qui, à la suite de son à-droite, avait tourné l'obstacle. Pas un n'échappa : c'était à cette époque le sort de tous les malheureux hommes de pied. Avec leur fusil à mèche fort lourd, leur pot en tête, ils n'étaient guère capables d'une défense efficace, dès qu'ils abandonnaient leurs abris pour s'aventurer en rase campagne.

Pendant ce temps, la première ligne s'avançait au pas vers le front espagnol, dont l'artillerie exécutait un feu aussi lent et aussi incertain que possible. La cavalerie de l'aile droite, sous les ordres du duc d'Enghien, avait pris une légère avance. Le duc dirigeait l'attaque. Il arriva ainsi à dix pas de la cavalerie ennemie, qui s'était décidée à faire un égal mouvement en avant. Nul autre bruit du reste que celui des décharges successives des pièces d'artillerie et des quelques mousquetades des fantassins isolés, embusqués derrière des buissons, et des cris de *Tue! tue!* des chevau-légers de Gassion.

Les escadrons se trouvaient face à face : les cavaliers du premier rang, leurs officiers en avant d'eux, tous le pistolet haut la main, semblaient se menacer du regard. On s'injuriait même quelque peu, et c'était à qui ne tirerait pas le premier, vieille habitude qui devait s'immortaliser par le fameux mot de Fontenoy : *Tirez les premiers, messieurs les Anglais.* Alors, si les chefs ne se mesuraient pas d'abord en combat singulier, ce qui arrivait parfois, au signal de celui que l'impatience gagnait le plus volontiers, les pistolets s'abaissaient, une décharge générale avait lieu, les cavaliers opposés y répondaient, puis on s'élançait au trot sur son adversaire, en frappant d'estoc et de taille. De la droite à la gauche, la mêlée devenait générale, chacun s'acharnant contre ce qu'il avait devant lui, sans trop s'inquiéter du voisin.

Le jour de Rocroy, ce fut le duc d'Enghien qui donna le signal du feu et se jeta sur les escadrons du duc d'Albuquerque, qui, pris en flanc par les chevau-légers de Gassion, ne purent résister et tournèrent bride, les uns se reformant un peu plus loin, les autres se sauvant vers le camp et les bagages.

Le duc s'arrêta. Pourquoi ? Gassion seul continua le mouvement en avant.

A l'aile gauche française, l'attaque n'avait pas été aussi heureuse. Le maréchal de L'Hôpital, qui avait mené trop vite sa cavalerie, dit le rapport, dut se replier sur sa deuxième ligne, vigoureusement poursuivi par le comte de Mello, qui rompit tout ce qu'il avait devant lui. Notre aile gauche était alors complétement perdue ; l'arrivée du baron de Syrot, qui commandait la réserve, permit seule d'arrêter la retraite. Il était grand temps. La lutte avait été vive. Le maréchal de L'Hôpital avait eu le bras cassé ; le marquis de La Ferté-Senneterre avait reçu deux coups de pistolet et trois coups d'épée ; son cheval avait été tué sous lui ; lui-même avait été pris et repris. Le seigneur de La Barre, lieutenant de l'artillerie, était resté parmi les morts en défendant bravement sa batterie.

Au centre, d'Espenan escarmouchait, mais n'osait encore s'avancer, par suite du recul du corps qu'il avait à sa gauche.

A cet instant de la journée, rien n'était donc décidé. Si l'aile gauche espagnole était rompue, leur aile droite se trouvait victorieuse, et leur centre, composé de bandes espagnoles sous les ordres de Fuentès, restait encore intact. La défaite même de la gauche française était assez rude pour compenser plus que largement la déroute de la gauche espagnole.

Mais au moment où la situation était le plus critique, où les charges du duc d'Enghien sur l'infanterie wallonne n'aboutissaient qu'à des pertes d'hommes, où la droite ennemie, dirigée par Mello, s'apprêtait à un nouvel effort qui devait être décisif, il se produisit, en arrière de cette aile, une oscillation étrange, comme une vaste clameur, un cri de *sauve qui peut*. C'était Gassion, qui, en poursuivant l'ennemi, arrivé au delà de la deuxième ligne espagnole, c'est-à-dire sur un terrain plus élevé que celui où se trouvait la masse des combattants, avait vu ce qui se passait à la gauche française. Prenant alors une de ces décisions qui sont pour les gens de guerre les indices du génie militaire, il avait arrêté ses escadrons, les avait reformés, au lieu d'aller piller les bagages, puis, tournant brusquement à gauche, en arrière des Espagnols, était venu prendre en queue leur aile droite victorieuse. Cette manœuvre hardie réussit merveilleusement. La cavalerie de la droite ennemie, prise entre deux feux, ne sachant plus à qui entendre, se débanda rapidement dans toutes les directions, abandonnant fantassins, artillerie, blessés, prisonniers, pour échapper plus vite aux coups des Croates et des fusiliers du roi.

Le champ de bataille présentait alors un aspect étrange. Vlers l'est, dans la direction de Rocroy, des bandes de cavaviers et de soldats s'enfuyaient vers le camp et les bagages; au centre de la plaine restait immobile un corps inerte au milieu de ce désarroi général. C'était l'infanterie espagnole massée près de son artillerie, entourée de tous les côtés par la cavalerie française dont les charges successives venaient se heurter contre sa muraille de piques et le feu de ses mousquetaires. De temps à autre, au signal du bâton de commandement d'un vieillard étendu sur une litière, ce vaste carré humain s'ouvrait, et les dix-huit pièces de canon qu'il contenait venaient, avec leurs décharges répétées, vomir la mort dans les escadrons français. Puis la muraille se refermait et la masse demeurait de nouveau impassible en face de ce déchaînement de cris et de mousquetades.

Trois fois le duc, à la tête des escadrons ralliés, essaya de briser cet obstacle, trois fois il fut obligé de se retirer loin de l'atteinte de ces terribles fantassins. Une quatrième charge fut décidée. Le baron de Syrot, Gassion venaient d'arriver. La scène était terrible ; de tous côtés, cavaliers et fantassins s'apprêtaient à tenter un dernier effort. En présence de ce danger toujours croissant, les Espagnols demandaient quartier. Que se passa-t-il alors? La légende historique prétend que le duc d'Enghien s'approchait pour témoigner au chef espagnol son admiration et accepter sa capitulation, lorsqu'une décharge partie des rangs ennemis vint faire tomber plusieurs cavaliers autour de lui. Alors ce fut, dit-on, un cri général de *Tue! tue!* une charge à fond sur les malheureux fantassins. Du carré espagnol, il ne resta que des cadavres pour marquer la place qu'il avait occupée, et, au milieu de cette agglomération de corps inertes, leur chef, le comte de Fuentès, tué par quelque chevau-léger avide de sang, au pied même de la chaise qui le portait.

6 000 tués, 4 500 prisonniers, 18 pièces dont 6 de batterie, 172 drapeaux, 14 cornettes et 2 guidons, les bagages, l'argent d'une montre, tels furent les trophées de cette journée.

Parmi les principaux chefs espagnols tués, il faut compter : le comte de Fuentès ; don Antonio de Valandin ; comte de Villalva, mestre de camp ; chevalier Visconti, mestre de camp; baron d'Ambrise, mestre de camp. Les historiens disent qu'il y eut 6 000 prisonniers. Les archives du dépôt de la guerre nous en donnent le décompte exact (1) :

(1) Dép. g., mss., v. 98, p. 7.

Le total des officiers prisonniers fut de 578 ; celui des soldats, de 3 895. Total général, 4 493.

A la page 6 du volume 98 (1), on trouve également le rôle des officiers et soldats italiens faits prisonniers et envoyés à Niort.

Il y avait 24 officiers provenant des deux régiments d'infanterie don Alonzo de Strori et Belligenti, et du régiment de cavalerie de Visconti. La note ajoute que ces prisonniers prendront volontiers du service sous le sieur de Buffalini, avec lequel ils ont déjà servi.

Parmi les prisonniers remarquables, il est intéressant de citer don Diego Strada et Montecuculli. Il paraît même que ces messieurs se trouvèrent peu contents du traitement qu'ils subissaient ; car, à la date du 28 juin, Le Tellier écrivait de sa main (2) au marquis de Beuvron :

« Monsieur le marquis de Beuvron,

« Le sieur comte de Montecuculli, Modénois, capitaine
« d'une compagnie de cavalerie, et don Diego Strada, lieu-
« tenant général de l'artillerie, prisonniers de guerre, que
« j'ai envoyés dans mon château de R*** (3), m'ayant fait
« représenter qu'ils étaient mal logés et qu'ils n'étaient pas
« traités selon leur condition, en suppliant de leur permettre
« de demeurer dans la ville sur la promesse qu'ils donne-
« ront..., je vous fais cette lettre pour vous dire que je
« trouve bon, etc... »

Du côté des Français, les pertes avaient été également

______

(1) Dép. g., mss., v. 98, p. 6.
(2) Dép. g., mss., v. 74, p. 587.
(3) Nom illisible.

fortes : 2 000 hommes tués, dont plusieurs officiers marquants. Le duc d'Enghien, qui ne s'était pas ménagé, avait reçu deux coups de mousquet dans sa cuirasse ; un troisième l'avait contusionné à la cuisse ; deux autres avaient blessé son cheval.

En réalité la victoire était décisive. Don Francisco de Mello s'était retiré à Philippeville, où sa cavalerie seule avait pu le rejoindre. Il n'avait plus autour de lui que 2 000 hommes.

Mais cette victoire à qui l'attribuer ? Les historiens et les panégyristes officiels en ont fait naturellement hommage au jeune duc d'Enghien. C'était dans l'ordre des choses, et dès le 23 la reine lui envoyait une lettre de félicitations et terminait sa dépêche en ces termes :

« Je vous prie de prendre toute assurance qu'il ne se peut « rien ajouter au désir que j'ai de vous donner des effets de « cette bonne volonté ; au surplus, de faire bien connaître à « tous les chefs et officiers de nos armées qui m'ont si digne- « ment servie en cette occasion, et surtout à mon cousin le « maréchal de L'Hôpital, à qui j'écris un mot de témoignage « de ma satisfaction. »

Et cependant dès le 22, quand la nouvelle de la victoire s'était répandue dans Paris, le bruit avait couru dans les salons officiels que le duc d'Enghien s'était enfui, et que si la lutte s'était terminée à l'avantage des Français, cela était uniquement dû à l'attitude de M. de Gassion (1). Le bruit populaire cette fois n'était que l'écho de la vérité. C'était en effet Gassion qui, nous l'avons vu, au moment où notre aile gau-

(1) Diaires de d'Ormesson et de Guy Patin

che faiblissait, où Syrot cherchait à rétablir le combat, où d'Enghien s'acharnait en efforts impuissants dans un combat inutile corps à corps, c'était Gassion qui, ralliant son monde, profitait de la faute de Mello c'est-à-dire de son manque de réserve, pour exécuter cette manœuvre hardie en arrière des lignes ennemies et décider l'issue de la bataille.

L'ingénieur du roi, M. de Beaulieu, celui qui nous a laissé des luttes de cette époque une série de gravures curieuses et d'une exactitude à peu près complète, représente le combat au moment même où Gassion exécute son mouvement tournant.

Du reste, Mazarin, comme nous le verrons plus loin, et le nouveau secrétaire d'Etat s'empressaient de rendre justice au véritable vainqueur de Rocroy, et le 20 juin (1) Le Tellier adressait à Gassion l'autographe suivant :

« Monsieur,

« La bonne part que vous avez eue en la gloire de la ba-
« taille de Rocroy a été publiée si hautement et est si connue
« de tout le monde, qu'il n'a pas été besoin que vos amis se
« soient mis en peine de faire savoir à la reine de combien
« de valeur et de prudence a été accompagnée la conduite
« que vous avez tenue en cette occasion si importante pour
« l'Etat. Car Sa Majesté a témoigné faire une estime particu-
« lière de vous, mais je vous puis assurer que je n'ai rien
« omis pour l'augmenter s'il m'eût été possible, etc...

« Votre très-humble et très-affectionné serviteur,

« Le Tellier. »

(1) Dép. g., mss., v. 74, p. 536.

Cette lettre était plus que l'expression d'une félicitation ;
c'était un aveu, d'autant plus important qu'il s'adressait à un
homme qui n'était pas de noblesse d'épée.

Les principaux récompensés furent :

M. de Syrot, mestre de camp ; le comte de Souvré ; de
Chabot, sergent de bataille ; de Roquelaure, d'Andelot, mestres de camp, tous nommés maréchaux de camp.

Un *Te Deum* eut lieu à Paris. Une circulaire fut adressée à
tous les gouverneurs, généraux d'armée, sénéchaux, baillis,
pour leur faire part de cet événement. La France était flat-
tée. Il y avait de quoi : quelles qu'eussent été les fautes
commises, le résultat n'en était pas moins considérable, et
d'autant plus grand qu'il concordait avec les débuts d'un
nouveau règne et d'un nouveau ministère.

Cette victoire d'ailleurs est intéressante à plus d'un titre.
La proportion entre les armes n'est pas la même qu'actuelle-
ment. A Rocroy, l'infanterie est à la cavalerie dans le rapport
de 1 à 2.

Le commandant en chef n'est pas en arrière de son infanterie, mais en avant de l'un de ses escadrons, comme un vrai
colonel d'avant-garde.

Au point de vue stratégique et tactique, les fautes sont
nombreuses des deux côtés. L'armée espagnole n'a pas de
réserve, et c'est cette erreur qui permet à Gassion d'exécuter
son mouvement tournant. Elle ne couvre pas le défilé qui
débouche sur sa position, et une fois le mouvement du duc
d'Enghien suffisamment accentué, elle ne cherche pas à profiter du désordre qui doit résulter d'une telle manœuvre.

Pendant la bataille, quand les ailes sont battues, le centre ne bouge pas et ne tente pas de rétablir le combat. Il reste immobile et attend le choc d'une cavalerie victorieuse.

Du côté de l'armée française, le duc d'Enghien sait qu'une armée ennemie égale en force à la sienne est établie de l'autre côté d'un défilé, et pourtant il le passe en présence de son adversaire, sans réfléchir que, s'il est battu, il n'aura absolument que ce même défilé pour lui servir de ligne de retraite. Il part bravement à la tête de sa cavalerie, sans s'occuper du centre qui escarmouche et d'où dépend son salut. Vainqueur à l'aile droite et voyant la gauche enfoncée, il ne replie pas, n'exécute aucun mouvement de concentration et s'acharne à combattre sur place, laissant à ses lieutenants de Gassion et de Syrot le droit de sauver la situation.

Ce qu'on peut conclure de cette lutte, c'est le manque de mobilité des troupes : une fois vaincues, elles ne reviennent plus à la charge. La cavalerie est l'arme prépondérante. C'est à elle que se rapporte le succès de la journée. Quant à l'infanterie, si elle n'est pas victorieuse, elle est toujours abandonnée par la cavalerie au moment critique. D'ailleurs, elle ne cherche même pas à résister. Aussi la défense du carré espagnol est-elle regardée par les contemporains comme un fait exceptionnel. « Jamais on n'a vu pareille chose, » disent à l'envi les chefs à leur rentrée dans les quartiers d'hiver. Avec de telles idées et de semblables résultats, on comprend mieux la répugnance des gens de cette époque à aller servir dans une arme où l'on a tant de chances de rester sur le carreau ; tandis que, juché sur un bon cheval, on peut tout au moins se sauver si l'on n'est pas trop maltraité.

Comme l'infanterie, l'artillerie n'est douée d'aucune mobilité et devient fatalement la proie du vainqueur.

Lignes de retraite, changements de front, emploi judicieux des armes, rien n'est calculé. Ce sont des combats successifs, isolés, auxquels le voisin a bien soin de ne pas se mêler.

L'armée resta deux jours sous les murs de Rocroy. Le 21 au matin, au lieu de marcher de l'avant, elle vint se concentrer en arrière autour de Guise, comme si elle avait été battue. « Le duc fut obligé de rester à Guise, dit M. de La « Rozière [1], parce que la cour, qui s'était attendue à sou-« tenir la guerre sur ses propres frontières, n'avait rien de « prêt pour une invasion en pays ennemi. »

En cela M. de La Rozière s'est trompé, car le 22 Le Tellier écrivait au duc d'Enghien pour l'engager à continuer sa marche en avant et l'avertir que, pour compenser ses pertes, on lui envoyait les gendarmes de Savoie, les gendarmes de La Meilleraye, le régiment de cavalerie de La Meilleraye, le régiment de cavalerie de M. de Grancey et des détachements des régiments de Picardie, Navarre, du Havre.

Turenne n'a jamais été soutenu davantage par la cour, et pourtant après un succès il n'est jamais resté inactif. C'est que le génie de l'homme qui doit être Condé est loin d'être à la hauteur de celui du fameux vicomte. Le duc d'Enghien est un sabreur à vue courte ; il a le courage du lion, mais non le regard de l'aigle. Condé est à Turenne ce qu'est Murat à Napoléon ; Condé est et restera le dernier des chevaliers, le

1) Dép. g., mss., M. de La Rozière t. III.

dernier des gendarmes du moyen âge. D'ailleurs il est entouré de gens qui tiennent peu à s'aventurer à la légère, qui préfèrent de petits siéges, de petites marches, où l'on peut être suivi de tout son attirail de femmes, de cuisiniers et de valets. Et puis ce système d'hésitation est assez dans les idées de la cour, qui tient à paraître diriger de loin les opérations de la guerre. Si donc le duc d'Enghien ne sut pas tirer de la bataille de Rocroy tout le fruit désirable, la décision lui en fut toute personnelle. A Paris on le croyait au delà de Rocroy, quand il avait reculé à Guise. Ce n'est pas un fait isolé que nous signalons là. Nous le verrons se reproduire à chacune des périodes de la carrière militaire de ce prince.

De Guise il envoie à la cour un projet d'attaque sur le Chêne ; la cour lui répond le 27 mai en le prévenant que le sieur marquis de Gesvres, qui est sur sa droite, doit aller reconnaître la position de Thionville. Il ne doit donc rien entreprendre avant de savoir le résultat de la reconnaissance du marquis. Pour appuyer sa gauche, le duc d'Angoulême est désigné comme lieutenant général en Flandres. Le sieur de La Vallière, du reste, lui expliquera verbalement les raisons de ce mouvement (1).

Du 28 mai au 7 juin les hésitations continuent.

Le 4 juin (2), on invite le duc d'Enghien à donner son avis sur l'entreprise de le Chêne. On lui fait part en même temps d'un projet du comte de Rantzau et on l'engage à le faire

---

(1) Dép. g., mss., v. 89, 27 mai ; 28 mai, v. 74, p. 315, 326 ; 29 mai, v. 74, p. 79.
(2) Dép. g., mss., v. 74, p. 588.

exécuter par le marquis de Gesvres, s'il le trouve admissible.
Ce projet, quel était-il? Nous n'avons pu le savoir.

Le 5 juin, on donne contre-ordre au duc pour l'affaire de
Thionville (1), puis le 7 on le prévient que définitivement le
siége de Thionville est résolu. Les instructions sont envoyées
de tous les côtés. Le même jour, Le Tellier (2) écrit à M. de
Choisy, intendant à Nancy :

« J'envoie des ordres au marquis de Gesvres pour faire
« marcher sur la place... Veuillez assurer les vivres en grande
« quantité à Metz et à Nancy. »

A la même date, il prescrit au marquis de Gesvres (3) d'a-
voir à bloquer immédiatement Thionville et de préparer
toutes choses pour le siége et pour aider le duc d'Enghien à
enlever le Chêne (4).

Le 8 (5), il invite le duc à laisser vers Guise, sous le commandement du duc d'Angoulême, un corps composé de cavalerie et d'infanterie pour arrêter l'ennemi, s'il entrait en
France pendant sa marche sur le Chêne. On le prévient également que M. le maréchal de Guébriant, qui commande
l'armée du Rhin, est appelé à correspondre avec lui et que
le duc d'Angoulême est parti pour le rejoindre (6). Le sieur
comte de Rantzau vient d'être nommé maréchal de camp et
lui sera envoyé (7).

Ensuite de ces ordres, le duc quittait le 11 juin son camp

(1) Dép. g., mss., v. 77, p. 29.
(2) Dép. g., mss., v. 77, p. 31.
(3) Dép. g., mss., v. 89, p. 12.
(4) Dép. g., mss., v. 77, p. 597.
(5) Dép. g., mss., v. 77, p. 425.
(6) Dép. g., mss., v. 74, p. 504 bis.
(7) Dép. g., mss., v. 74, p. 536.

de Guise. M. de La Rozière, comme la plupart des historiens, prétend qu'il entra alors dans le Hainaut pour simuler une attaque contre les principales villes qui défendaient cette province, qu'il s'empara même des châteaux de Barlemont et d'Aymeries, et de la ville de Maubeuge ; puis qu'apprenant l'investissement de Thionville par le marquis de Gesvres, il revint sur ses pas à Thionville, où il parvint en deux jours, le 18 juin.

Le fait nous paraît assez difficile. Qu'on en juge. De Guise à Thionville il y a 35 lieues, de Maubeuge à Thionville près de 40 lieues. Il nous paraît donc impossible que le duc ait pu parcourir une telle distance en quarante-huit heures. L'ordre d'ailleurs est de prendre le Chêne, et le duc, parti le 11 de Guise, arrive en effet le 18 sous Thionville. 35 lieues et une place enlevée sont déjà un assez joli emploi des sept journées qui séparent les deux dates du 11 et du 18.

Le 17 juin, du reste, Le Tellier envoyait au jeune duc des observations à propos de sa marche sur le Chêne, en lui exprimant des craintes au sujet du dégarnissement de la frontière du côté de la Capelle.

Le 20 même, ignorant encore son arrivée à Thionville, il l'invitait à renforcer d'un corps de cavalerie la troupe laissée à Guise et le priait d'ordonner aux munitionnaires de fournir à ce détachement les vivres nécessaires. Le duc d'Enghien n'avait donc pu réellement faire ce que M. de La Rozière a raconté. Il se contenta de suivre ponctuellement les ordres de la cour. A la nouvelle de l'investissement de Thionville, il se dirigea sur le Chêne, qu'il enleva en passant. D'ailleurs le Chêne était sur sa route, et depuis cette époque il est bien au pouvoir des Français, car le duc d'Angoulême en parle un mois après comme d'une ville où il a fait étape.

Pendant ce temps le marquis de Gesvres, avec le marquis d'Aumont, les comtes de Grancey et de Palluau pour maréchaux de camp, se conformait aux instructions de Le Tellier. Thionville fut investie, mais assez mal du côté du quartier du comte de Grancey pour que ce dernier vit ses lignes forcées par le général Beck, qui réussit par ce coup d'audace à faire entrer tout un régiment dans la place. C'était une éventualité grave qui permettait aux assiégés de prolonger leur résistance et d'attendre les secours qu'on leur promettait.

Thionville, située sur la rive gauche de la Moselle, était alors défendue par quatre bastions revêtus de pierre de taille. Les courtines étaient couvertes par quatre demi-lunes et un ouvrage à cornes, les fossés profonds et remplis d'eau, le chemin couvert en parfait état.

Aussitôt après l'arrivée du duc d'Enghien, les lignes de circonvallation furent établies sur les deux rives de la Moselle et les différentes parties du camp reliées par deux ponts de bateaux, construits l'un au-dessus, l'autre au-dessous de la ville.

Dans l'intérieur des lignes, l'armée fut partagée en cinq quartiers. Le quartier général fut installé au village de Tervern. Le maréchal de Gassion commanda le quartier de la cavalerie. Les autres maréchaux de camp chefs de quartier furent les marquis d'Aumont, d'Andelot, de Gesvres, le comte de Palluau et le baron de Syrot (1).

(1) Voici la composition des troupes par quartier :
Quartier du roi : 4 compagnies du régiment des gardes, 4 compagnies

Le maréchal de L'Hôpital et La Ferté-Senneterre, blessés, se faisaient soigner à Paris. Le comte de Grancey, tombé gravement malade à la suite de l'échec qu'il avait subi, était absent du camp.

Le matériel de l'artillerie se composait de 30 pièces, arrivées de Metz.

Le sieur de La Plante, capitaine dans Picardie infanterie, faisait les fonctions d'ingénieur.

Les vivres venaient de Metz et de Nancy. Ce service était assuré par les soins de M. de Choisy, intendant.

du régiment des gardes suisses, Picardie, Piémont, Rambure, la marine, Mollandin (suisse), Mazarin (italien), le grand parc, les chevaux de l'artillerie, compagnie de la reine, compagnie des Ecossais, compagnie du prince de Condé, compagnie du duc d'Enghien, compagnie de M. de Longueville, compagnie du comte de Tresmes, compagnie du duc de Luxembourg, compagnie du maréchal de Guiche, compagnie de Vaubecourt, gardes de Gassion, régiment royal cavalerie, régiment de Gassion, régiment de Guiche, régiment de La Ferté-Senneterre, régiment de Marolles, régiment des fusiliers, régiment de La Mésangère, régiment de Syrot, régiment de Roquelaure, régiment d'Harcourt, régiments de Notaf, de Vamberg, des Croates ;

Quartier du marquis de Gesvres : régiments Navarre, de La Meilleraye, de Gesvres, Bretagne, de la couronne, gendarmes du comte de La Meilleraye et du prince de Savoie, régiment de cavalerie colonel, régiments de La Meilleraye, de Vatimont, de Gesvres, le parc ;

Quartier du marquis d'Aumont. — Infanterie : régiments de Persan, du vidame, d'Harcourt, de Watteville. — Régiment de cavalerie d'Aumont ;

Quartier du marquis d'Andelot. — Infanterie : gardes écossaises, de Brézé, Langeron. — Cavalerie : régiments de L'Eschelle (liégeois), de Silhart (allemand) ;

Quartier du comte de Palluau. — Infanterie : régiments de Lesdiguières, de Noailles, de Guiche (liégeois), régiment écossais, régiments de Colhaz (allemand), de Rool (suisse). — Cavalerie : régiments de Clavière, de Grancey ;

Quartier du baron de Syrot. Infanterie : régiment royal, régiments de Grancey, de Caderousse, de Bonne. — Cavalerie : régiments de Coislin, de Lenoncourt et de La Feuillade.

Des secours importants en hommes et en chevaux avaient été envoyés au vainqueur de Rocroy.

L'ardeur des troupes était extrême : commencées le 19, les lignes de circonvallation et les ponts furent terminés le 24.

Le 25 juin, la tranchée s'ouvrait sur les deux bastions qui regardaient le milieu de la plaine. Les retranchements de ces deux bastions se composaient d'une demi-lune, à la gorge de chacun d'eux, avec un fossé palissadé haut du genou. Les palissades étaient garnies d'une pointe de fer et pleines de clous et de crochets. Au milieu du fossé courait un canal de bois rempli de poudre, et par-dessus quantité de grenades et de bombes couvertes d'un demi-pied de terre, afin de faire sauter ceux qui s'aventureraient de ce côté pour tenter l'assaut.

Le 6 juillet, on attaquait le chemin couvert.

Ce matin-là, le sieur de La Plante fut blessé dangereusement en traçant le logement, et les troupes se virent obligées de se retirer à la suite d'une vigoureuse sortie de l'ennemi, et d'abandonner les travaux d'approche qui avaient été faits trop rapidement.

On dut recommencer sur de nouveaux frais, mais cette fois avec plus de prudence. D'ailleurs tous les contre-temps semblaient surgir à la fois. Le général Beck était venu s'installer à portée de canon du camp, ce qui obligeait à une surveillance continuelle et fatigante. Les fonds et les vivres ne pouvaient arriver que difficilement. Les troupes étaient mécontentes. Puis les pluies s'étaient mises de la partie. Une crue subite de la Moselle avait emporté les ponts et abîmé les travaux. Le général Beck heureusement n'avait pas su profiter de ces circonstances fâcheuses pour forcer les lignes.

Quant au secrétaire d'État de la guerre Le Tellier, il se multipliait. Il écrivait à Choisy pour presser l'envoi des vivres et munitions. Journellement il adressait de sa main de longues lettres explicatives au duc d'Enghien. En même temps il prévenait le duc d'Angoulême, toujours posté à Guise, que don Francisco de Mello réunissait de nouveau une armée. Dans quel but? Était-ce pour se jeter sur le Boulonnais ou pour secourir Thionville? En tout cas, il le priait d'obvier et de se tenir toujours en communication directe avec le duc d'Enghien. A la même époque, il prescrivait au sieur de Langeron, sergent de bataille du marquis de Gesvres, d'avoir à quitter le camp pour aller prendre le commandement des troupes destinées à agir en Rouergue (1).

Mais le beau temps était revenu et avec lui les vivres et la vieille gaieté française. Les travaux de siége avaient été repris avec une nouvelle vigueur. C'était à qui dans les deux tranchées arriverait le premier. C'étaient journellement des folies inutiles que la bravoure exagérée du jeune prince, les suites de paris, des repas et des orgies de la vie de camp ne faisaient qu'exagérer. Ce fut dans une de ces excentricités que le marquis de Lenoncourt, qui était venu en amateur rendre visite au duc d'Enghien et à son frère le marquis de Marolles, fut tué au milieu d'une promenade aventureuse sur le revers de la tranchée. Cette fois Mazarin crut devoir écrire directement au duc d'Enghien pour lui dire sa manière de voir à ce sujet, tout en l'enveloppant des formes voulues (2).

(1) Cinq cents de Colbert, Bibl. imp., mss., v. 103, p. 22. 26 juillet.
(2) Bibl. maz., mss., f° 76, v°, n° 1719, jeudi, 23 juillet.

« Monsieur,

« Vous pouvez croire que ce ne m'a pas été une petite joie
« d'apprendre que le progrès du siége de Thionville va en-
« core plus vite que l'espérance que nous en avions conçue.
« Mais je ne puis m'empêcher de vous dire que le peu de cas
« que vous faites de votre personne et les hasards continuels
« auxquels vous l'exposez tempèrent bien fort dans mon
« esprit cette joie... Je vous conjure donc, monsieur, autant
« que je puis, d'y apporter plus de retenue et de faire vio-
« lence à votre courage pour le conserver dans les bornes
« que votre charge lui fait prescrire... »

Malheureusement, il n'était guère possible d'entraver de
telles habitudes, qui n'étaient au fond que les conséquences
de l'exubérance du caractère français. Les suites, toutefois,
en furent graves.

Le jour même de l'arrivée du courrier qui venait apprendre
au jeune duc la naissance d'un héritier, on s'empara d'une
demi-lune. Le surlendemain, pour fêter le joyeux anniver-
saire, on résolut d'occuper les bastions. Comme toujours,
on ne prit pas assez de précautions. D'ailleurs, le maréchal
de Gassion était à la tête des troupes. C'était son premier
siége, et avec son propos : « Ah ! un siége ! ce n'est que
« cela ! » il réussit à recevoir une balle dans la tête, en es-
sayant de rétablir le combat au moment où le marquis de
Gesvres venait d'être enseveli, à la suite de l'explosion d'une
mine et où les soldats épouvantés reculaient précipitamment
dans les tranchées.

La mort du marquis de Gesvres était une perte ; la blessure de Gassion devenait presque un danger. Aussi, à la nouvelle de l'événement, Mazarin écrivait au maréchal (1) :

« MONSIEUR,

« Vous ne doutez point de l'extrême déplaisir que m'a « causé votre blessure... Je voudrais de tout mon cœur qu'il « fût permis de vous aller voir et de vous rendre toutes les « assistances que vous pouvez attendre du plus véritable de « vos amis... Toutefois, puisque ce qui est passé vous est « si avantageux et que vous avez tant de part au gain d'une « grande bataille et à la prise d'une si forte place que Thion- « ville, il me semble que vous devez en être satisfait et que « la gloire qui rendrait illustre deux années de travail peut « bien suffire à l'action de deux mois. »

La lettre est plus que louangeuse. C'est un état de service, une preuve de plus à l'appui de ce que nous avons avancé à propos de la bataille de Rocroy.

Obligé de quitter le camp et de céder sa place au comte de Rantzau, Gassion se retira à Bagnolet pour se soigner. Ce fut là que la reine lui adressa le plus fin des compliments et le meilleur baume pour sa blessure, en lui envoyant la lettre même de Francisco de Mello, lettre interceptée, dans laquelle le général ennemi disait du maréchal français : « Nous avons perdu Thionville, mais les ennemis y ont perdu « Gassion, le lion de la France et la terreur de nos armées. »

Au camp, l'échec du 5 août n'avait fait qu'arrêter momentanément les travaux de l'attaque : le résultat était proche.

Don Francisco de Mello et Beck s'apprêtaient bien à tenter

____

(1) Bibl. maz., mss., fo 85, ro, no 1719, 9 août 1643.

une diversion, mais ils étaient surveillés de près par Le Tellier et le duc d'Angoulême, dont la correspondance réciproque indique à ce sujet une identité complète de vues.

Le 3 août, Le Tellier écrit (1) au duc d'Enghien pour l'avertir de se tenir sur ses gardes : l'ennemi doit tenter un grand effort sur ses lignes. Le 4, il lui envoie cinq dépêches successives (2) : dans les deux dernières, il le prévient que le duc d'Angoulême a reçu l'ordre de précipiter sa marche sur Thionville.

Effectivement, le 5 août, le duc d'Angoulême répondait à Le Tellier (3) :

« Suivant les avis que j'ai eus, je me suis avancé en dili-
« gence avec les troupes que j'avais, afin d'arrêter les en-
« nemis s'ils eussent dessein d'aller à Thionville. Je vous en-
« voie la dernière lettre du gouverneur de Rocroy, lequel m'a
« toujours donné les meilleurs et les plus assurés avis. Cela
« m'a donné du temps, tant pour refaire les troupes harassées
« des pluies que pour attendre M. de Manicamp et les 6 com-
« pagnies des gardes, qui me doivent joindre toutes demain.
« J'ai fait avancer M. de Quincy avec les 1 000 chevaux de
« Thionville jusqu'à deux journées de Verdun, et vendredi
« je serai au Chêne, si j'ai avis que les ennemis marchent,
« ce que je crois qu'ils feront, si la prise de Thionville ne
« leur en ôte l'envie. J'attends des réponses de tout ce que
« je vous ai mandé, sur quoi je me réglerai.

« CHARLES DE VALOIS. »

(1) Dép. g., mss., v. 75, p 52.
(2) Dép. g., mss., v. 75, p. 42, 43, 49 ; v. 77, p. 47, 48.
(3) Dép. g., mss., v. 98, p. 54, 5 août. Autographe.

3

« Monsieur, ajoutait-il le même jour (1), en fermant ma
« dépêche il m'est arrivé un garde de M. le duc d'Enghien
« avec les avis que mondit seigneur m'envoie et ordre de
« vous en informer. »

Le 9, il continuait (2) :

« Monsieur,

« Aussitôt que j'ai reçu la dernière lettre qu'il a plu au roi de
« m'écrire, j'ai pris ma marche droit à Verdun, où j'espère
« être après-demain. Il n'y a point encore de troupes passées
« à Namur. Beck a toutes ses troupes éparses dans les villages
« du Luxembourg et don Francisco était encore mardi à Gand.

« J'ai laissé, pour la sûreté de la frontière de Picardie,
« M. de Manicamp, comme il m'est ordonné, avec 500 à
« 600 chevaux et 10 compagnies de Picardie et Navarre, et
« le régiment du Havre. La raison qui m'a fait faire ces
« choses, c'est qu'il n'y a que deux places, à mon avis,
« lesquelles puissent être attaquées des ennemis, à savoir :
« Guise et Rocroy ; la deuxième, qu'on a tort de mettre de
« la mauvaise infanterie dans les places ; la troisième, que les
« petits régiments sont causes de discussions continuelles.

« Ledit sieur de Manicamp demande un pouvoir par écrit
« pour pouvoir demander aux gouverneurs l'appui dont il aura
« besoin, et je crois qu'il a raison, car dans cette difficulté
« les contestations sont capables d'y ajouter grand désordre.

« J'ai envoyé trois dépêches au duc d'Enghien pour l'a-
« vertir de ma marche, et je n'ai aucunes nouvelles que celles

____

(1) Dép. g., mss., v. 18, 5 août. Autographe.
(2) Dép. g , mss., v. 98, p. 38. Autographe.

« que Le Brun m'a apportées. Cela me fait croire qu'il n'a
« guère besoin de moi. »

Mais le duc d'Angoulême, malgré sa bonne volonté, ne
devait pas avoir le temps d'arriver sous Thionville avant
l'événement. En effet, ce fut près de Verdun, le 11 août,
qu'il eut connaissance de la prise de la place. Il s'arrêta et
écrivit le même soir au roi (1) :

« SIRE,

« Aussitôt que Votre Majesté, par l'avis de la reine, a
« trouvé bon que je marchasse droit à Thionville pour
« joindre M. le duc d'Enghien, j'ai estimé de mon obéis-
« sance et de l'avantage de son service d'y apporter toutes
« les diligences possibles... Mais comme ici j'ai appris que
« ledit Thionville s'était remis dans l'obéissance, j'ai estimé
« qu'il fallait attendre où je suis les ordres qu'il plaira à mon-
« dit seigneur duc d'Enghien m'envoyer. »

Le fait était vrai. Le 10 août 1643, les assiégés, voyant que
Beck ne bougeait pas, qu'ils devaient renoncer à tout secours
de la part des Espagnols, demandaient à capituler, après une
résistance de près de deux mois, dont quarante-cinq jours
de tranchée ouverte.

Le gouverneur, le maire de la ville, les principaux officiers
tués, la moitié de la garnison anéantie, deux bastions, une
demi-lune entièrement détruits prouvaient suffisamment que
l'énergie de la défense avait été à la hauteur de la vigueur
de l'attaque. Le duc d'Enghien pouvait donc être fier du
nouveau succès qu'il avait obtenu.

(1) Dép. g., mss., v 98, p. 41. Autographe.

Dès le 12, la reine envoyait au jeune vainqueur une lettre de félicitations et lui prescrivait les mesures à prendre (1).

Le sieur Joachim de Lenoncourt, marquis de Marolles, frère du malheureux officier tué dans une promenade, fut nommé gouverneur de la nouvelle place conquise.

Restait à prendre les dispositions convenables pour la conservation de la place. Ce soin revenait de droit à Le Tellier. Dès le 13 août, il écrivait à ce sujet aux ducs d'Enghien et d'Angoulème (2).

Le 21, il ajoutait (3) :

« Monseigneur,

« J'ai reçu les dépêches de Votre Altesse du 13 du courant, « avec l'état des troupes qu'elle a ordonnées pour tenir gar-« nison dans Thionville, à la subsistance desquelles on pour-« voira promptement ensuite des ordres qu'il a plu à la « reine de donner. La dépense pourrait être diminuée par la « levée de 30 compagnies d'infanterie que vous proposez ; « mais Sa Majesté a trouvé bon de différer jusqu'au commen-« cement de la campagne prochaine…, estimant que la place « pourra être gardée par des troupes qui sont sur pied, « qu'il faudrait loger ailleurs et faire subsister de même, sans « qu'elles rendissent aucun service qui fût de quelque utilité « pour le royaume. »

Thionville cette fois appartenait définitivement à la France.

Pendant ce temps le duc d'Enghien faisait rafraîchir ses

(1) Dép. g., mss , v. 77, p. 49.
(2) Dép. g , mss., v. 77, p. 43.
(3) Dép. g., mss., v. 75, p. 178.

troupes. Il envoyait à la cour un projet d'attaque sur Sierck, projet qui était approuvé, car Le Tellier lui écrivait le 25 (1) :

« MONSEIGNEUR,

« La reine a approuvé la résolution que Votre Altesse a prise
« pour l'attaque de Sierck, et ne doute pas que vous ne
« fassiez toutes choses possibles pour profiter aux dépens
« des ennemis du reste de cette campagne, que vous avez
« employée si utilement pour l'honneur des armes du roi,
« dans lequel le vôtre s'est rencontré très-avantageuse-
« ment. »

Et il ajoutait :

« Vous avez déjà fait loger vos troupes sur la frontière
« pour les rafraîchir pendant quinze jours. La reine l'a trouvé
« bon ; je vous envoie ses ordres, qui contiendront les lieux
« que Sa Majesté a estimés pour cet effet (2). »

Au reçu de ces dépêches, le duc d'Enghien se mettait en mouvement, passait la Moselle le 28 août et investissait Sierck.

Sierck était une petite ville de Lorraine, située à 4 lieues nord-est de Thionville. Elle avait un château qui la dominait et dont sa sûreté dépendait. Ce château était alors flanqué par quatre grosses tours. Il s'y trouvait 100 hommes de garnison.

La ville fut aussitôt occupée, et le mineur attaché à l'une des tours. Le gouverneur effrayé capitula le 3 septembre.

Sierck prise, le prince confia la conduite de ses troupes à

(1) Dép. g., mss., v. 75, p. 198.
(2) Dép. g., mss., v. 75, p. 178.

ses maréchaux de camp, avec ordre de se rendre à Estain (Etain), petite ville du duché de Bar, située sur l'Orne, à 4 lieues nord-est de Verdun. Pour lui, à la tête de 2 000 cavaliers, il poussa vigoureusement jusqu'à Luxembourg et Arlon, où il fit beaucoup de prisonniers. Ce fut là que des dépêches pressantes de la cour vinrent le trouver et l'obliger à retourner sur ses pas.

De son côté, le duc d'Angoulême, à la nouvelle de la prise de Thionville, s'était arrêté à Tilly-sur-Meuse pour faire reposer ses troupes et attendre des instructions, qui n'arrivèrent que le 16. Elles étaient concises; le duc devait se rendre à Metz. Malheureusement le duc était malade.

« Je m'étais, écrit-il le 19 août au secrétaire d'Etat (1),
« disposé à m'avancer vers Metz; mais l'incommodité que
« j'ai de la goutte ne me l'ayant pu permettre, et ayant été
« contraint de prendre les remèdes que j'ai accoutumé pour
« m'en soulager, comme déjà j'en ai grand soulagement, je
« l'ai supplié par M. de Quincy de me donner encore trois
« jours afin d'achever d'être tout à fait guéri; comme je l'es-
« père, mes douleurs étant déjà tellement diminuées que
« d'ici le 20, au plus tard, je crois pouvoir faire le voyage. »

Du reste, quel que fût le regret du duc, le retard ne devait avoir rien de compromettant, car le 21 Le Tellier le priait de ne pas bouger, et le 23 (2) lui prescrivait de faire partir le 25 M. de Manicamp avec 400 chevaux. M. de Manicamp devait prendre dans Arras les 10 compagnies de M. de Villequier, les remplacer par le régiment de Gesvres, si M. de

(1) Dép. g., mss., v. 98, p. 42.
(2) Dép. g., mss., v. 75, p 273.

La Force estimait qu'il en aurait besoin pour la sûreté de la place. Il devait également convoquer la noblesse du pays et marcher de façon à arrêter les ennemis, qui paraissaient vouloir se décider à faire une diversion en envahissant le Boulonnais. Enfin, le 8 septembre, on lui prescrivait de ne pas quitter ses positions avant d'avoir reçu de nouveaux ordres.

A ce moment-là des événements graves se passaient du côté du Rhin. Le maréchal de Guébriant, qui avait perdu un temps considérable à constituer ses troupes, n'avait pu se maintenir sur la rive droite de ce fleuve. Le pont même qu'il avait construit avait été enlevé par les Impériaux. C'était le 2 septembre que la cour avait appris ces tristes nouvelles, d'autant plus fàcheuses qu'elles pouvaient contre-balancer l'effet de la bataille de Rocroy et laisser au duc de Lorraine et à d'autres chefs impériaux la liberté de venir se joindre aux Espagnols et de leur donner la supériorité numérique. Dans de telles circonstances, Le Tellier se montra ce qu'il devait être toujours, infatigable au travail. Il tenta l'impossible pour empêcher le désastre qu'il prévoyait, désastre par lequel devait se terminer cette fatale campagne d'Allemagne. Malheureusement, il y a de ces malheurs qui tiennent encore plus à la mauvaise constitution des armées qu'au courage des chefs et à la bonne volonté d'un secrétaire d'Etat. Le Le Tellier de 1643 n'était pas encore le puissant ministre de 1661, celui qui devait plus tard faire mouvoir les troupes au simple signal d'un ordre émanant de ses bureaux.

Guébriant, qui avait appris à Wolfach la nouvelle de la prise de Thionville, avait immédiatement envoyé M. de Roqueservières, son sergent de bataille, pour expliquer à la cour et au duc sa situation et solliciter un envoi de 2 000 hommes. Arrivé le 4 à Paris, Roqueservières en était parti le 5 avec une instruction détaillée au duc d'Enghien dans le sens de la demande.

Le lendemain 6, au conseil de guerre tenu au Luxembourg, sur la proposition de Le Tellier, ce n'était plus un simple secours, mais un corps tout entier qu'on avait résolu de faire passer en Allemagne. Deux projets avaient été mis en avant. Le premier consistait à rejeter les Impériaux sur la rive droite du Rhin, à les poursuivre, à prendre Spire, Worms et Mainz, à établir les troupes de Guébriant dans ces quartiers.

Le second se bornait à faire prendre au corps de Guébriant des quartiers d'hiver en Franche-Comté pour se mettre en état de repasser le Rhin au printemps. C'eût été abandonner du coup toutes les possessions prises en Alsace. Le Tellier s'opposa énergiquement à cette deuxième proposition et fit adopter le premier projet. A cet effet, il fut décidé qu'on enverrait un corps de 5 à 6 000 hommes de pied avec 6 pièces d'artillerie. Le tout était donc de faire partir ce renfort, parce qu'on savait pertinemment que ni hommes ni officiers ne se résoudraient volontiers à se rendre en Allemagne. C'est à propos de ce mouvement que nous allons assister à un triste épisode de nos guerres, où l'on ne sait ce que l'on doit le plus faire : blâmer la désobéissance incroyable du duc d'Enghien aux ordres donnés, l'insubordination des chefs et des soldats, ou plaindre la reine et le ministre obligés de céder pour arriver à voir exécuter leurs instructions.

C'est le 6 septembre au soir que le mouvement est convenu; le 7 (1), M. de Choisy est chargé de faire convertir en farine la quantité de blé nécessaire pour dix ou douze mille rations. « M. de Choisy, dit la dépêche, devra prendre tel « prétexte qu'il lui conviendra pour cacher le dessein que « l'on pourrait avoir de se tourner contre l'Allemagne. Il est « de très-grande importance que personne ne le puisse péné- « trer, par l'aversion que vous savez que les gens de guerre « ont d'aller de ce côté-là. »

Le soir même, on le prévient par une seconde lettre (2) qu'on lui envoie des fonds et 5 régiments (régiments de la reine, de Thorigny, de Croissy, de Fontenelle et le régi- ment des vaisseaux).

Quant au duc d'Enghien, « ayant sujet de croire, lui écrit « le secrétaire d'Etat (3) de la part de la reine, que Sierck « est maintenant entre vos mains et voyant que l'état pré- « sent des affaires d'Allemagne peut m'obliger à tourner ail- « leurs que vers Longwy une partie des forces que vous « commandez..., je vous prie de n'entreprendre ni le des- « sein de Longwy ni d'autre, avant que vous ayez des ordres « de ce que vous aurez à faire, lesquels vous seront portés « par le sieur de Tracy. »

Ce ne fut donc pas le 20 octobre, comme le prétendent M. de La Rozière et les historiens, qu'on résolut de venir en aide à Guébriant. Dès le 7 septembre tous les ordres dans ce sens étaient donnés.

Le surlendemain on adresse au duc les instructions les

(1) Dép. g , mss., v. 75, p. 303.
(2) Dép. g , mss., v. 77, p. 65.
(3) Dép. g., mss , v. 77, p. 66.

plus détaillées. « Vous prendrez le commandement en per-
« sonne, dit la dépêche (1), sachant que votre présence et
« réputation sera capable de donner un grand étonnement
« aux ennemis, de faciliter nos entreprises et ôter aux sol-
« dats français l'aversion qu'ils ont de passer en Alle-
« magne.

« ... Vous choisirez tels officiers généraux que vous vou-
« drez, particulièrement MM. de Rantzau et de Syrot.

« ... Vous prendrez votre marche par la Lorraine et l'Alsace,
« en passant à Saverne, jusqu'en quel lieu vous ferez suivre
« les équipages de vos vivres, d'autant que j'ai donné ordre
« au baron d'Oysonville de vous en faire fournir de là jus-
« qu'à Strasbourg.

« ... Vous vous rendrez à Metz dans huit jours.

« ... Aussitôt après avoir joint l'armée d'Allemagne, vous
« en prendrez le commandement absolu.

« ... Vous exécuterez le passage du Rhin et donnerez le
« commandement des troupes que vous amenez à M. de
« Rantzau. Vous prendrez avec vous la cavalerie de Brisach
« et des autres places.

« ... Il est nécessaire que vous voyiez passer le Rhin aux
« troupes.

« Vous ferez repasser le Rhin à toutes les troupes et vous
« veillerez à ce que les soldats et officiers français que vous
« amenez ne puissent prendre occasion de les abandonner.

« On vous envoie un fonds de 300 000 livres (1 500 000 fr.)
« pour la campagne. »

(1) Dép g., mss., v. 77, p. 67.

Le même soir, on prévient le duc par une autre dépêche (1) que le duc Charles de Lorraine a passé le Rhin.

« Dans le cas, ajoute-t-on, où il saurait la chose au juste, « ce qui affaiblirait l'armée impériale, il devrait ne prendre « avec lui que 4 000 hommes de pied et 2 000 chevaux, et « laisser ces troupes au maréchal de Guébriant. »

On l'avertit en outre que sur tous les passages de son armée on rencontre un grand nombre d'officiers et soldats isolés qui reviennent tranquillement en France (2). On lui prescrit en conséquence d'informer contre les officiers partis sans congé et de les faire passer au conseil de guerre. Pour les déserteurs, il n'y a qu'à les faire pendre.

Enfin, pour faciliter la mission du jeune duc, la reine écrit directement et individuellement au sieur de La Ferté-Senneterre, maréchal de camp, ainsi qu'aux mestres de camp d'infanterie et de cavalerie. Elle les engage à obéir aux ordres du prince.

« ... J'ai bien voulu, dit-elle (3), vous témoigner par cette « lettre que vous ne saurez jamais me rendre davantage « preuve de votre zèle et affection que je considère, que de « servir mondit cousin avec vos régiments en meilleur état « qu'il vous sera possible, faisant qu'aucun de vos officiers « non plus que vos soldats ne quittent point sous prétexte « des incommodités qu'ils pourraient imaginer en ce voyage, « étant véritable que par le chemin qu'ils tiennent ils souf- « friront aussi peu qu'ils feraient au milieu du royaume et

(1) Dép. g., mss., v. 77, p. 77, 9 septembre,
(2) Dép. g., mss., v. 77, p. 75, 9 septembre.
(3) Dép. g., mss., v. 77, p. 73, 74, septembre.

« que je donne aussi bon ordre au payement de la subsis-
« tance. »

De son côté, Le Tellier donne au sieur de Choisy les
détails les plus précis pour la concentration à Metz des fa-
rines nécessaires à la confection de 2 000 rations de pain par
jour. Le 1ᵉʳ octobre, lui dit-il, il devra y avoir 100 000 rations de pain à Pont-à-Mousson, 50 000 à Nancy, un peu
plus cuit qu'à l'ordinaire pour se mieux conserver ; 150 00 autres pains qui puissent être portés à la suite des troupes : les
caissons de vivres devront être mis en bon état (1).

Le même jour, il annonce au maréchal de Guébriant (2)
qu'on lui envoie des secours. Il l'engage à tenir ferme dans
le poste où il est et de faire en sorte que les troupes tirent
leur fourrage et leur subsistance plutôt du pays de l'ennemi
que de l'Alsace. Il écrit également (3) à tous les principaux
chefs de l'armée d'Allemagne et de l'Alsace, d'Erlach, d'Oysonville, Bazyly, de Pesselièvres, de Montausier, pour les
prier d'avoir à obéir au duc d'Enghien.

Il prescrit à d'Oysonville (4), l'intendant d'Alsace, de faire
faire de 20 000 à 25 000 rations de pain à Saverne et d'y
amasser de la farine pour le 20 ou le 22 septembre. Enfin,
toujours à la même date et pour compléter la série des mesures prises, l'infatigable secrétaire d'État écrit de sa main (5)
trois lettres au duc d'Angoulême pour l'avertir du mouve-

(1) Dép. g., mss., v. 77, p. 70, 9 septembre.
(2) Dép. g., mss., v. 77, p. 71, 9 septembre.
(3) Dép. g., mss., v. 77, p. 75, 9 septembre.
(4) Dép. g., mss., v. 72, p. 72, 9 septembre.
(5) Dép. g., mss., v. 75, p. 497 ; v. 77, p. 75, 77. Autographe. 9 septembre.

ment, l'engager à se référer aux avis du duc d'Enghien et le prier d'empêcher à tout prix le débandement des troupes.

Le 11, il envoie deux dépêches personnelles au duc pour lever ses indécisions et le persuader d'exécuter les ordres de la reine.

« Monseigneur (1), dit-il, je ferais tort à M. de Tracy si « j'expliquais à Votre Altesse particulièrement de quelle fa- « çon la résolution d'envoyer des troupes en Allemagne a été « prise sur les ouvertures qu'il a faites de la part de M. le « maréchal de Guébriant. Je dirai seulement à Votre Altesse « qu'on a estimé que sa présence était le seul remède aux « maux pressants des affaires de ce côté-là, qui importent à « la réputation des armées de terre, à la manutention de nos « alliés et à l'avancement de la paix, qui est si nécessaire à « l'Etat et que la reine désire avec tant de passion. Sa Ma- « jesté, considérant la dépense extraordinaire à laquelle ce « voyage-là vous obligera, m'a commandé de vous faire sa- « voir qu'elle trouve bon que sur le fonds de 50 000 livres « destiné pour les dépenses extraordinaires de l'armée, vous « fassiez prendre 30 000 livres pour aider à celle de votre « maison, dont vous lui êtes d'autant plus obligé que c'est « de son argent. Et si les 20 000 livres restantes ne suffisent « point pour les travaux et autres dépenses, on fera rem- « bourser ce qui aura été avancé par votre ordre sur le pre- « mier avis qu'il vous plaira m'en donner... »

Il ajoute (2) :

« La reine ayant appris par le retour de M. de La Moussaye

(1) Lettre autographe de Le Tellier, dép. g., mss., v. 75, p. 352.
(2) Lettre autographe de Le Tellier, dép. g., mss., v. 75, p. 362.

« que Votre Altesse avait résolu de mettre les troupes en
« quartier d'hiver pour après prendre le temps de faire un
« tour à la cour, m'a commandé de vous envoyer ce courrier
« en diligence pour vous rendre la dépêche ci-jointe, par
« laquelle vous connaîtrez combien Sa Majesté peut avoir à
« cœur le voyage qui vous a été proposé par M. de Tracy.
« Et en vérité, monseigneur, nous n'aurons pas moyen de
« nous prévaloir des avantages que Votre Altesse a acquis en
« cet Etat par vos grandes actions pendant cette campagne,
« si on ne rétablit la réputation des armes du roi en Allema-
« gne, où les choses sont considérées par toute l'Europe
« beaucoup plus qu'elles ne sont ailleurs, et où on va com-
« mencer la négociation de la paix, dans laquelle des forces
« que nous aurons sur pied de ce côté-là seront les meil-
« leures raisons dont se pourront servir MM. les pléni-
« potentiaires pour persuader les Espagnols de consentir à
« une paix raisonnable ; je désire que votre voyage soit com-
« blé de toute sorte de bonheur, de quoi vous me ferez
« l'honneur de croire que je suis avec sincérité, etc. »

Le même jour enfin, Le Tellier adresse au duc d'Angoulème une nouvelle lettre explicative en conformité des pré-
cédentes (1) :

« Monseigneur, écrit-il, la reine est demeurée fort satis-
« faite de la relation que je lui ai lue du voyage en Flandres
« du gentilhomme que vous avez dépêché à la cour ; elle a
« estimé beaucoup sa conduite... Je lui ai lu aussi le mé-
« moire qui était dans votre paquet. Sa Majesté prendra

(1) Lettre autographe, dép. g., mss., v. 75. p. 351, 11 septembre.

« demain résolution de quelle manière on se servira des
« offres que fait ce gentilhomme. Cependant on a résolu
« d'envoyer des troupes en Allemagne et on désire que M. le
« duc d'Enghien en fasse le voyage, s'il peut, ajoutant
« à sa gloire celle d'avoir rétabli les armées du roi dans
« l'Allemagne. Sa Majesté remet pourtant à sa prudence de
« passer le Rhin ou de retourner quand les troupes l'au-
« ront passé. Au premier jour, vous aurez la peine de garan-
« tir nos frontières avec les troupes que vous commandez et
« celles qui resteront de l'armée de Luxembourg. Je pense
« que vous nous garantirez des ennemis, qui ont plus de
« peur de recevoir du mal que d'envie de nous en faire.
« Quant aux officiers qui quittent l'armée, Sa Majesté m'a
« commandé la dépêche ci-jointe. Je compte qu'on n'y sau-
« rait apporter trop de sévérité. Il s'est passé ici beaucoup
« de choses extraordinaires que vous saurez d'ailleurs sans
« que j'en charge cette dépêche que je finis par la protesta-
« tion que je fais d'être toute ma vie... »

De son côté, Mazarin lui-même insistait auprès du duc
d'Enghien et lui écrivait le 14 septembre (1) :

« Si vous pouvez retarder votre voyage de la cour pour en
« préparer un contre les ennemis, dont le seigneur de Tracy
« a ordre de vous entretenir, vous rendrez au roi un troi-
« sième service qui sera et plus utile à son État et de plus
« haute réputation pour vous que les deux autres... »

Malheureusement toutes ces dépêches, toutes ces instances
devaient aboutir à un résultat négatif. A la réception des
ordres que lui avait apportés M. de Roqueservières, à la

(1) Bibl. maz., mss.. fo 110 ro, no 1719.

première nouvelle de ce qui se passait à la cour, de la fuite du duc de Beaufort, de l'attentat commis sur Mazarin, le duc d'Enghien s'était décidé à partir. Crut-il qu'on voulait le retenir éloigné de Paris le plus longtemps possible? rêvait-il déjà son rôle dominateur? obéissait-il aux injonctions de son père, nous n'avons pu encore découvrir le mobile qui l'avait fait agir ainsi. Espérons que l'intéressant auteur de l'*Histoire des Condés* nous fournira les éléments nécessaires pour élucider ce point du débat. Toujours fut-il que le duc d'Enghien quitta subitement l'armée, laissant le commandement des troupes au duc d'Angoulême. Sur sa route, il rencontra les différents courriers qui lui étaient adressés; il ne tint compte de rien, et le mardi soir 15 septembre il entrait dans Paris et faisait son apparition inopinée à la cour, pour s'opposer, disait-il, à ce voyage d'Allemagne, qu'il déclarait impossible.

En présence de cette mauvaise volonté d'un prince contre lequel il n'y avait rien à faire qu'à se taire et saluer, Mazarin et Le Tellier se virent dans la nécessité d'adopter d'autres mesures. Le duc d'Enghien se refusant de se rendre à l'appel de Guébriant, ce fut le duc d'Angoulême qui fut chargé d'exécuter le programme. Tout ce qu'on obtint du duc d'Enghien fut de paraître vouloir retourner sur la Sarre. L'expédition se ferait en son nom et le duc d'Angoulême n'aurait l'air de prendre le commandement que pendant son absence, de manière à empêcher les troupes de se débander tout à fait. Le 15 au soir, le duc d'Enghien est arrivé à Paris; le 16, Le Tellier écrit au duc d'Angoulême (1) :

(1. Dép. g., mss., v. 75, p. 365. Autographe.

« MONSEIGNEUR,

« Je ne doute point de l'impossibilité du voyage d'Allema-
« gne, puisque M. le duc d'Enghien l'a ainsi jugé ; mais comme
« cette affaire est très-importante, Sa Majesté m'a commandé
« de vous dépêcher ce courrier, afin que les troupes que vous
« commandiez fassent halte au fort que vous jugerez le plus
« commode pour les faire subsister, et duquel celles qui se-
« ront choisies pour ce voyage-là puissent partir avec facilité,
« et vous dire qu'elles soient le moins éloignées que faire se
« pourra de la route qu'elles devront tenir pour joindre la
« route qui sera ordonnée pour cela. Le secret vous a été
« recommandé comme très-nécessaire ; mais, comme vous
« savez, on a de la peine à le garder en d'autres occasions,
« et il n'a pas été possible en celui-ci, à cause des voyages
« qu'ont fait MM. de Tracy et de Roqueservières, qui y ont
« été envoyés par M. de Guébriant, sur lesquels les gens de
« guerre devinent fort aisément ce qu'ils appréhendent le
« plus. La reformation des troupes ayant été résolue, il faut
« licencier celles qui ne valent rien, ou bien desquelles, si
« on en substituait d'autres en même temps, on ne ferait
« aucune diminution. Mgr le duc d'Orléans a trouvé bon que
« la compagnie de Douai fût cassée. »

Malheureusement toutes ces pertes de temps étaient
déplorables. Pendant ces pourparlers, que devenaient les
approvisionnements recommandés avec tant de soin à de
Choisy et à Doysonville ? Les troupes se dispersaient et la mauvaise saison arrivait. C'étaient partout de nouvelles instructions à donner, à une époque où la commode invention du

télégraphe pour envoyer les ordres et contre-ordres nécessaires n'existait pas encore.

Le 16, Le Tellier prévenait donc le duc d'Angoulême de la douloureuse alternative où la cour se trouve.

Le 19 (1), il l'invite à rappeler auprès de lui M. de Manicamp, ainsi que toutes les troupes chargées de défendre les frontières de Picardie et de Champagne.

Le 23 (2), il l'avertit qu'on a fait une nouvelle division des armées de l'Est. Il y en aura deux : une de Picardie, une autre du Luxembourg.

La première sera commandée par M. le maréchal de Châtillon, la deuxième le sera par lui. C'est cette seconde armée qui est destinée à se rendre en Alsace.

Le 24 (3), il lui adresse des instructions plus complètes. Le comte de Rantzau lui expliquera le reste verbalement. Pour l'instant, il devra se borner à se rendre à Verdun et de là sur la Sarre, où il sera rejoint par le duc d'Enghien.

Le lendemain 25, Le Tellier (4) envoie au maréchal de Châtillon son brevet de lieutenant général pour commander l'armée de Picardie; puis il écrit personnellement au duc d'Angoulême (5) :

« ..... Vous trouverez les instructions de Sa Majesté si « particulièrement expliquées, que je n'ai rien à ajouter, sinon « que vous ne sauriez donner plus de satisfaction à Sa Ma-

(1) Dép. g., mss., v. 75, v. 75, p. 399.
(2) Dép. g., mss., v. 75, p. 426.
(3) Dép. g., mss., v. 77, p. 80.
(4) Dép. g., mss., v. 79.
(5) Dép. g., mss., v. 75, p. 450. Autographe de Le Tellier.

« jesté que de faire réussir son dessein pour le service de
« M. le maréchal de Guébriant...

« ..... Je ne saurais trop vous appuyer sur les avantages
« de cette action. J'ose dire que nous ne profiterions point
« du tout des avantages que Dieu nous a donnés dans cette
« campagne, si nous ne donnions encore à M. le maréchal
« de Guébriant les moyens de repasser le Rhin. M. de Fa-
« vreau vous portera un fonds de..... (1), que la reine vous
« a accordé de son argent... »

Le même jour, le secrétaire d'Etat adresse pour la forme
au duc d'Enghien, qui se trouvait à Paris, le détail de toutes
les opérations.

« Le duc (2), dit l'ordre, devra marcher sur la Sarre pour
« y prendre Sarrebruck, Deux-Ponts, Kayserslautern, effrayer
« ainsi les autres villes du Rhin, détacher alors les troupes
« destinées à passer le Rhin et à aider le maréchal de Gué-
« briant, faire commander ces troupes par le comte de
« Rantzau, avec MM. de Syrot, de Noirmoutier, de Montgi-
« ron pour maréchaux de camp. Si l'ennemi ne jette pas de
« forces nouvelles dans les places, d'Enghien devra se porter
« avec tout son monde contre les villes laissées libres. »
Enfin « le seigneur duc, terminant la dépêche, aura pouvoir
« de promettre 20 livres (100 francs) à tout soldat qui passera
« le Rhin. »

Le 26 septembre, la reine écrit à chacun des mestres de
camp de cavalerie et d'infanterie qui sont désignés pour

(1) La quotité de la somme n'est pas indiquée.
(2) Fonds Colbert, Bibl. imp., v. 103, f° 23.

marcher sous les ordres du duc d'Angoulême (fictivement le duc d'Enghien) (1) :

« Monsieur le ....,

« Vous aurez à passer en Allemagne avec votre régiment « sous la charge du sieur comte de Rantzau, pour y ser- « vir ....., ne pouvant rien mieux faire pour le bien de mon « service.

« ..... J'ai choisi votre régiment ....., et j'ai bien voulu « vous convier par cette lettre de suivre mondit cousin, avec « votre régiment au meilleur état qu'il vous sera possible, « faisant en sorte qu'aucun des officiers ni soldats ne le quitte « sous prétexte des incommodités qu'ils pourraient s'ima- « giner en ce voyage ..... Je vous assure que vous et eux ne « me rendrez jamais des preuves de votre fidèle affection et « valeur que je considère davantage ..... Depuis cette lettre, « monsieur le duc d'Enghien, que j'avais retenu par deçà, « ayant désiré retourner en personne en l'armée, j'ajoute ce « mot pour vous dire de lui obéir. »

Le 27 (2), Le Tellier adresse au duc d'Angoulême l'ordre de mettre le régiment d'Aubeterre dans Sierck et Thionville ; les autres corps passeront le Rhin : le régiment d'infanterie italienne (Mazarin) et des compagnies des gardes françaises lui sont envoyés pour l'aider à exécuter ce passage.

Le 28 (3), il lui écrit de nouveau personnellement :

« Vous connaîtrez par la lettre de la reine que la présente

(1) Dép. g. mss., v. 77, p. 83.
(2) Dép. g , mss., v. 77, p. 81.
(3) Dép. g., mss., v. 75, p. 463. Autographe de Le Tellier.

« accompagne, combien Sa Majesté affectionne que le voyage
« que vous allez faire réussisse avantageusement pour le ré-
« tablissement des armées du roi dans l'Allemagne, et ce
« qu'elle attend de l'affection que vous lui avez témoignée
« toujours au bien de son service. J'ose ajouter qu'elle en
« parle comme d'une affaire faite, puisque vous en avez la
« conduite, et fait connaître en cela la confiance qu'elle prend
« en vous et l'estime qu'elle fait de votre prudence et de la
« créance que vous vous êtes acquise parmi les gens de
« guerre. Le commis qui est chargé de l'argent destiné pour
« l'armée a 10 000 livres (1) entre ses mains pour vous,
« que la reine a fait prendre dans ses coffres. Je sais bien
« que cela ne paraît guère dans les dépenses que vous faites,
« mais aussi devez-vous être assuré qu'on payera volontiers
« vos dettes à votre retour, que je vous souhaite heureux
« avec autant de passion, comme je suis... »

Le 29 septembre (2), le secrétaire d'Etat lui donne ses
dernières instructions. Il lui prescrit de réunir ses troupes,
de marcher avec tout son monde le long de la rivière d'Aisne
jusqu'à Attigny. Là, il devra séparer son armée en deux
parties. La première ira droit à Verdun sous prétexte du
siége d'une place du Luxembourg ; la seconde passera l'Aisne,
se dirigera sur Mouzon, comme pour entrer en Luxembourg,
puis reviendra vers Guise, où elle tiendra tout le pays d'a-
lentour, et prendra ses quartiers d'hiver sur le pays ennemi.

Le même jour, Le Tellier ordonnait à M. de Choisy de se

(1) 50 000 francs de gratification.
(2) Dép. g., mss., v. 77, p. 79.

mettre en qualité d'intendant à la disposition du duc d'Angoulême pendant l'absence du duc d'Enghien (1).

Malheureusement, une sorte de fatalité semblait s'attacher à cette fin de campagne, ainsi qu'à toutes les prévisions du secrétaire d'État. C'était le 29 septembre que Le Tellier avait fait expédier les derniers ordres; le 25, le duc d'Angoulême était retombé malade et avait dû annoncer à la reine l'impossibilité où il se trouvait de se mettre à la tête des troupes. La nouvelle arrivait le 30 à Paris, et le soir même Le Tellier écrivait au duc au nom du roi (2) :

« J'ai été très-marri d'apprendre votre indisposition et de « ce qu'elle ne vous permet pas de pouvoir faire le voyage « de la Sarre...

« Revenez à Paris... Vous serez remplacé par le duc d'En-« ghien pour l'Allemagne... Le maréchal de Châtillon sera « chargé de commander pour vous dans les Flandres. »

En effet, le duc d'Enghien, mis au pied du mur, avait dû s'exécuter. Le 2 octobre, il quittait Paris, et ce jour-là Le Tellier adressait au duc d'Angoulême la dépêche explicative suivante (3) :

« MONSEIGNEUR,

« Le voyage que fait Mgr le duc d'Enghien dans la Sarre vous « peut bien faire juger quelles ont été les intentions de la cour « quand on vous a envoyé l'ordre de commander l'armée pour « son absence; le dessein étant nécessaire, on avait estimé

_____

(1) Dép. g., mss., v. 77, p. 71.
(2) Dép. g., mss., v. 77, p. 84, 85.
(3) Dép. g., mss., v. 75, p. 506. Autographe de Le Tellier.

« que M. le duc étant retenu ici, personne que vous ne le pou-
« vait faire réussir avantageusement pour cet État. Votre in-
« disposition a sensiblement touché la reine. Sa Majesté vous
« accorde le congé que vous avez désiré, craignant que votre
« mal n'empire dans la saison où nous entrons; je prie Dieu
« qu'il vous en délivre bientôt, de me donner occasion de
« vous faire connaître combien je suis sincèrement... »

Ce fut près de Metz que le duc d'Enghien rejoignit les troupes que le comte de Rantzau y avait réunies. De Metz, il se dirigea directement sur le Rhin, en passant par Saverne.

Le 24, il faisait sa jonction avec le maréchal de Guébriant à Dachstein, petite ville avec un château, à 3 lieues de Strasbourg, se mettait immédiatement à la tête de toute l'armée, et dès le lendemain, 25 octobre, sans attendre que les troupes fussent reposées, faisait exécuter le passage du fameux fleuve. Il assistait en simple spectateur à cette opération de guerre ; puis, le mouvement fini, se conformait strictement au programme que la cour lui avait tracé, remettait le commandement des hommes qu'il avait amenés au comte de Rantzau, et repartait tout aussitôt pour la Lorraine.

C'était agir un peu cavalièrement. A la cour, on le comprit si bien ainsi, qu'à la réception de la nouvelle du passage, on lui fit une réponse sèche, un simple accusé de réception, sans félicitations aucunes.

« J'ai appris par le sieur de Campelz, lui écrit la reine (1),
« la marche que vous avez faite vers le Rhin et l'appui que
« vous avez donné au passage des troupes. Je vous prie,

______

(1) Dép. g., mss., v. 77, p. 121.

« maintenant, d'avoir à prendre vos quartiers d'hiver et à
« faire marcher en ordre pour qu'il n'y ait pas confusion. »

En même temps, Le Tellier envoie (1) au duc le contrôle
des troupes qu'il commande, en lui enjoignant de ne les faire
partir que successivement pour leurs quartiers d'hiver, de
manière à permettre à chaque régiment de toucher sa solde.
Il lui adresse également l'état des corps à licencier ou à ré-
former. Les régiments de Navarre, Piémont, Rambures (infanterie), La Ferté-Senneterre, Menneville (cavalerie) iront à
Tours. Les maréchaux de camp recevront des congés en
règle. Les équipages d'artillerie et des vivres, ainsi que le
régiment suisse de Rool, seront licenciés.

Mais le prince, avant tout, a hâte de retourner à ses affaires
et à ses plaisirs ; sans attendre que les ordres donnés soient
exécutés, il revient à Paris vers le 15 novembre.

Cette fois, la campagne de la Sarre est bien terminée.

Quelques jours encore, et de tout ce monde que Mazarin et
Le Tellier ont eu tant de difficulté à faire repasser le Rhin, il
restera à peine un officier pour venir annoncer à Saint-Germain un terrible désastre : un maréchal de France, Guébriant,
tué ; une armée dispersée, anéantie, et tous les officiers
prisonniers.

Les historiens se ressemblent tous pour cette campagne
de 1643. La bataille de Rocroy, la prise de Thionville, l'exal-
tation de la gloire du jeune duc d'Enghien, voilà le thème
ordinaire de leurs récits. De ce qui s'est passé à Rocroy, des
ordres émanés de la cour, du secrétariat, de l'armée de

_____

(1) Dép. g., mss., v. 77, p. 103, 125.

Champagne sous le marquis de Gesvres, de l'armée de Bourgogne sous La Meilleraye, de l'armée de Picardie sous le duc
d'Angoulême, puis sous le maréchal de Châtillon, de l'entreprise de le Chêne , du refus du duc d'Enghien de marcher,
de tout ce qui est survenu après la prise de Thionville, ils ne
soufflent mot : avant tout, il ne faut pas faire mentir les panégyristes (1).

(1) Il ne s'agit pas seulement de faire la narration plus ou moins exacte
d'une campagne pour croire en avoir fini avec l'armée qui y a pris part.
Derrière cette phase bruyante, il y a tout le mécanisme du commandement,
de la solde, de la subsistance, enfin l'esprit qui meut cette même armée.
C'est cet ensemble qu'il nous reste à étudier pour mieux faire ressortir les
points curieux de l'état militaire de l'époque, et cela pour chaque campagne et chaque armée, en nous conformant à l'ordre régulier que voici :
stratégie — tactique — direction générale — services administratifs —
esprit de l'armée — discipline — travaux historiques faits sur la campagne. — Dans notre prochain travail, nous suivrons ce programme, après
avoir donné les détails relatifs à la campagne d'Allemagne, à la mort de
Guébriant et au désastre de Tutlingen, détails si faussement présentés par
les historiens.

www.ingramcontent.com/pod-product-compliance
Ingram Content Group UK Ltd.
Pitfield, Milton Keynes, MK11 3LW, UK
UKHW022147070726
13613UKWH00003B/1432